U0602660

宁乡炭河里古方国的

傅说

中共宁乡市委宣传部　主编

湖南师范大学出版社

图书在版编目（CIP）数据

宁乡炭河里古方国的传说／中共宁乡市委宣传部主编. --长沙：湖南师范
大学出版社，2017.12
ISBN 978 - 7 - 5648 - 3077 - 9

Ⅰ.①宁…　Ⅱ.①中…　Ⅲ.①宁乡市－地方史　Ⅳ.①K296.44

中国版本图书馆 CIP 数据核字（2017）第 304502 号

宁乡炭河里古方国的传说

Ningxiang Tanheli Gufangguo de Chuanshuo

中共宁乡市委宣传部　主编

◇组稿编辑：李　阳
◇责任编辑：李　阳
◇责任校对：胡晓军
◇绘　　制：湖南山猫吉咪传媒股份有限公司
◇出版发行：湖南师范大学出版社
　　　　　　地址／长沙市岳麓山　邮编/410081
　　　　　　电话/0731 - 88873071　88873070　传真/0731 - 88872636
　　　　　　网址/http://press. hunnu. edu. cn
◇经销：新华书店
◇印刷：湖南雅嘉彩色印刷有限公司
◇开本：710mm×1000mm　1/16
◇印张：6.75
◇字数：150 千字
◇版次：2017 年 12 月第 1 版　2017 年 12 月第 1 次印刷
◇书号：ISBN 978 - 7 - 5648 - 3077 - 9
◇定价：48.00 元

凡购本书，如有缺页、倒页、脱页，由本社发行部调换。
本社购书热线：0731 - 88872256　88873071
投稿热线：0731 - 88872256　13975805626　QQ：1349748847

内容提要

公元1963年，湖南省博物馆在宁乡黄材盆地，根据不断出土的古代青铜器进行考古发掘，发现了古代中国商周时期的炭河里遗址。本漫画书从历史、人文、传说和民俗出发，结合现代考古成果，综合古代中国的星象学、五行学和占卜学，对炭河里遗址进行了解读，描绘了商王武丁和王后妇好的儿子相与儿媳月，以及他们的后人，征战长沙、迁徙长沙，在长沙星下的宁乡黄材盆地建立大禾方国的故事。

人物介绍

比干

（商朝大臣，商纣王的叔父）

微子

（商纣王的庶兄，同父异母兄弟）

冉

（大禾方国将军）

向

（大禾方国国君）

人物介绍

相

（商王武丁的儿子，大禾方国开国君主）

月

（商朝一位将军的女儿，相的夫人）

商纣王

（商朝的最后一个君王）

青羊公主

（大禾方国国君，后嫁给为，成为国君夫人）

人物介绍

周武王

（周朝的开国君王）

为

（微子的长子，大禾方国国君）

周昭王

（周朝的君王）

周穆王

（昭王之子，周朝君王）

　　商朝末年，商纣王昏庸无道。他废弃祭祀，淫乐好酒，残暴不仁，王朝的天下已是危机四伏，动荡不安。

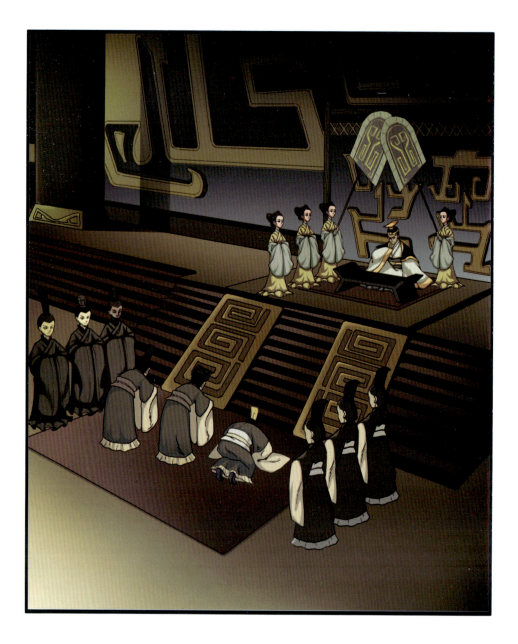

　　纣王的叔父比干和箕子，还有纣王的同父异母的兄长微子，企图挽救商朝，分别向纣王进谏，劝纣王修养德行，恢复祭祀，振兴朝政。

　　纣王不但不听，还恼羞成怒，放出狠话："谁要是再来进谏，杀无赦！"
比干不但是纣王的叔父，还是他的大臣。他坚持进谏，对纣王说："我身为
臣子，就算被杀，也要为天下进谏！"

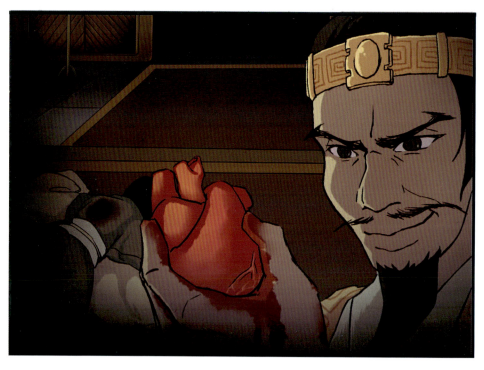

　　纣王大怒，说："好，你是圣人！我听说圣人的心有七个孔，我倒要看看是否如此！"于是纣王剖开叔父比干的胸膛，挖出了比干的心脏。

纣王杀了比干，又派人抓了箕子。箕子装疯卖傻，才躲过被杀。

　　微子见此，知道已无力回天，带着宗亲、随从和太师、少师，逃离了王都朝歌，来到了郊外的太庙里。

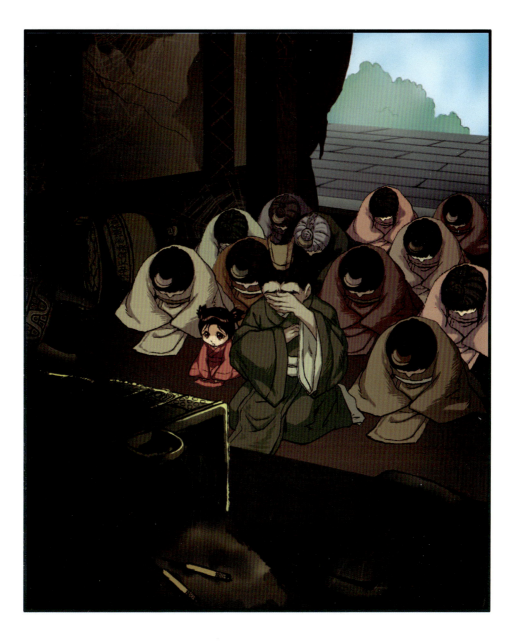

太庙已被纣王荒废多年，祭祀祖先和天神、地神的国之重器东倒西歪……
这些令微子和众人捶胸痛哭，长跪不起。

　　微子泣拜祖先，乞求祖先和神灵保佑商朝的天下和子民。太师和少师虔
诚占卜，乞求天神和地神为他们指明未来的道程。

　　占卜的龟甲在炭棒的烧烤下，发出"噗、噗"的爆裂声。太师和少师在爆裂声中辨认着龟甲上的裂纹。裂纹发出凶兆和吉兆：朝歌，凶！南走，吉！太师向微子解读占卜之象。微子审断吉凶之后，陷入沉思：朝歌留不得……南走，又走向何方？

9

　　当夜，微子和太师、少师登上太庙旁的方丘之上，开始占星卜象。此时，朝歌上空的大火星长时间地据守在斗宿之中。太师解象，这是凶象陈临，预示天下即将发生重大事情。

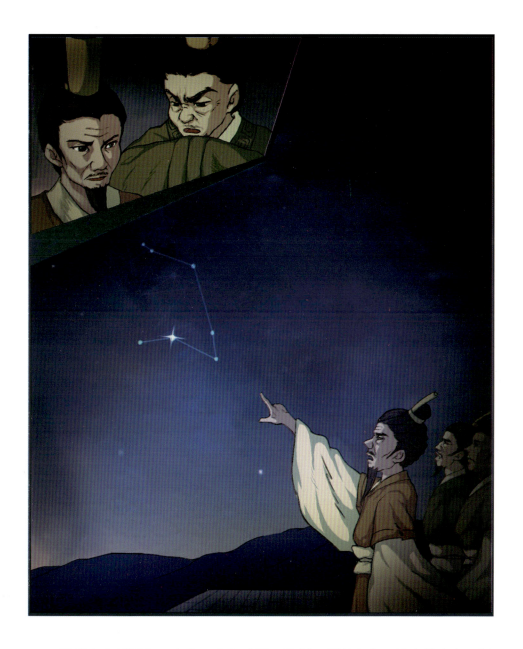

　　微子令太师再卜：南走，走向哪里？片刻，荆楚上空，轸宿星座中，闪现吉象之光。"那是轸宿星座中长沙星发出的！"太师说。

　　长沙星？微子记起，太庙里祭祀祖先的许多重器上记录着与它有关的事情。微子返回太庙，在一组青铜器面前，借着火光，寻找起来。他在一个大鼎上，发现了一组铭文，铭文记载的是商民先祖的赫赫武功："挞彼殷武，奋伐荆楚……"

200年前

　　铭文记录的是200年前，商高宗武丁年间的一个夜晚，轸宿星座中的长沙星，忽然带着刺眼的光亮，隐于轸宿星座中。接着，与它对应着的长沙大地上就发生了九黎三苗的作乱。武丁立刻命儿子相，带兵南征。

　　九黎三苗为当年蚩尤的后裔。高宗王后妇好，叫儿子相从太庙中扛出黄帝四面方鼎，说："当年蚩尤作乱，黄帝亲征，杀蚩尤于涿鹿，并用缴获的兵器，熔铸成方鼎，将自己的面相，铸刻在方鼎的四面，以威慑天下。今天，蚩尤后裔作乱，你带着它征战，将会无敌于天下！"

　　相谢过母后妇好后，与恋人月话别。月是商朝一位战功赫赫的将军的女儿，她要求与相一起南征。相非常高兴，于是两人携鼎南征。

　　夜晚，长沙星下，蚩尤的后裔九黎三苗在梅山祭祀蚩尤，企图借蚩尤之威抵御相和月的征讨。不料，天亮之后，当相和月带来的黄帝四面方鼎闪现在太阳光下时，聚集在梅山上的蚩尤之后，全部匍匐在地，放弃了抵抗。

相和月征战长沙，凭借黄帝四面方鼎之威，平九黎三苗之乱，收"戈"、"冈"等部族，征服了长沙星下叛乱的各部落和族群。

　　相和月南征得胜回朝，带着所缴获的兵器，陈列在王都朝歌的太庙前。父王武丁和母后妇好大喜，命人将兵器熔铸成象纹大铙和四羊方尊。大铙，象征相的勇武之气；方尊，象征月的美好吉祥。大铙、方尊一同被陈列供奉在太庙里。

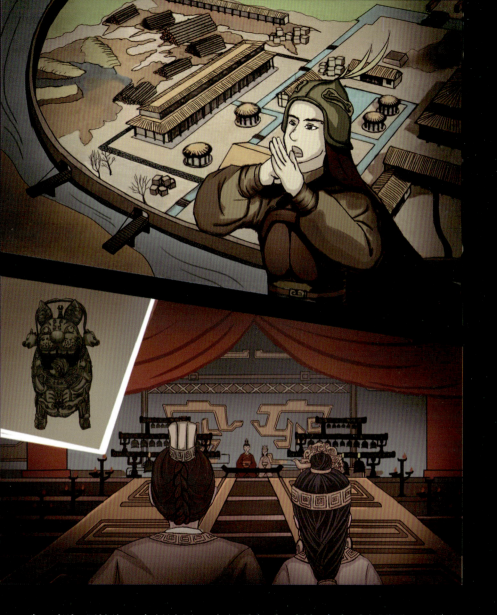

　　商王朝拓疆扩土，在长沙星下建方国大禾，封相为大禾方国国君。接着，武丁和妇好为相和月完婚，并赐青铜礼器和乐器，以固方国之基业。妇好听说荆楚大地闹鬼，又赐月"食鬼虎卣"，以食灭方国大地的百鬼。

　　相，英俊威武，忠诚勇猛，方国的敌人都畏惧他；月，美丽善良，知书达理，方国周边的部落和族群都敬服她。

　　月主张改立已对方国纳贡称臣的九黎三苗为梅山部落，作为大禾方国的一道屏障拱卫西方。相对月言听计从，夫妻俩的文韬武略，使大禾方国的势力扩大到今天的湘江和资江流域。

　　微子为先祖的功业激动不已，也为自己没有进谏好弟弟商王纣而痛悔。他请祖先给自己以惩罚，让自己承受所有的苦难而不祸及商的后代。

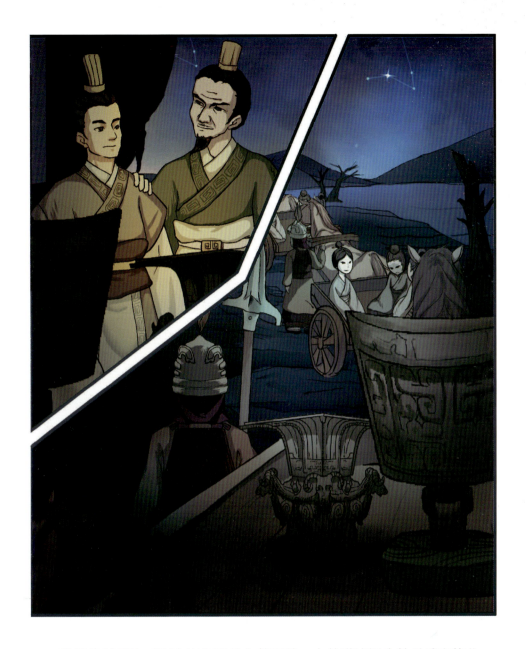

　　微子将长子为叫到大铙和四羊方尊面前，向他讲述祖先的勇武和伟业。交代他带上大铙和四羊方尊，带着宗亲和比干的后人，向南迁移。同时，他还请太师、少师辅佐为，一同去南方寻找长沙星下祖先开创的那片安宁祥和之地。

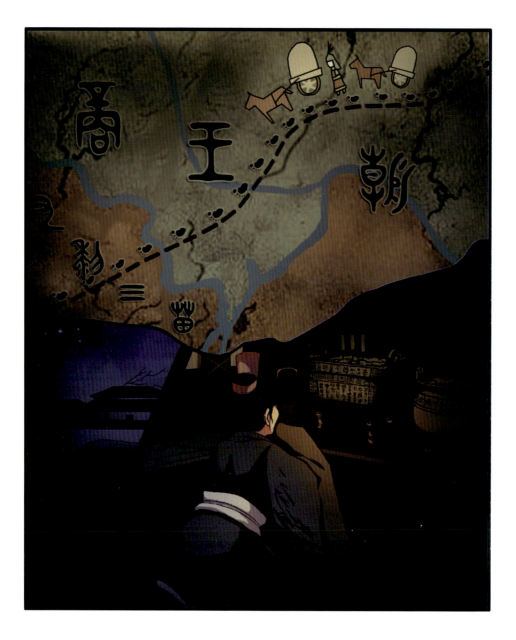

为，带着宗亲，带着比干的后人和太师、少师，扛着大铙和四羊方尊，告别父亲微子，星夜逃离了太庙，向着西南方向、向着长沙星下。微子则留在太庙，他要为商、为祖先继续供奉香火。

公元前1066年

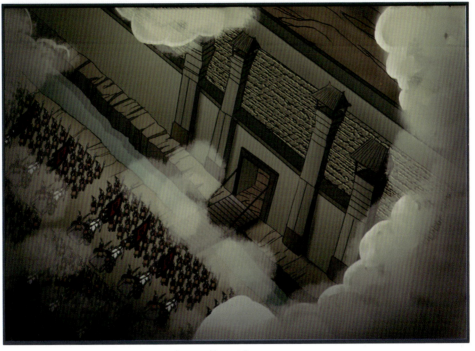

　　商王纣的残暴不仁终于酿成大祸。天下八百多个诸侯聚集在周武王的旗下，组成诸侯联军，在牧野与商王纣的军队进行决战。商王纣的军队有十七万人，周武王联军才四万五千人，但商王纣的军队不为纣而战，反而临阵倒戈，跟着周武王的联军攻打商王纣。

25

　　商王纣被迫仓皇而逃，一直逃到王都朝歌鹿台。在饱餐一顿酒肉后，他将台上的珠宝捆在身上，然后放火烧台，自焚而死。

　　商朝随商王纣的死灭亡了，周武王被推举为天子。周武王宣告天下：商王纣荒淫无道，已负天命。周天子顺应天理民心，取而代之，天下为"周"。

　　微子独守太庙，他笃信天命：商号"金德"，周号"火德"，五行相克，火克金。周灭商是天意，是五德终始，不可抗拒。于是他在列祖列宗的牌位面前，燃起了高香炬烛。

周武王得讯，率一众人马来到了太庙。微子做好了被杀的准备。

　　但周武王没有杀他，而是恭恭敬敬地向微子行大礼。周武王说："先父文王当年被纣王无辜囚禁，是您向他伸出救援之手。先父生前嘱咐，日后有机会见到您，一定要好好代他向您致谢！"周武王封微子为宋国国君，以继续商族的香火祭祀。

　　却说为带领宗亲、比干的后人和太师、少师，星夜逃离太庙后，一路向南、向长沙星下日夜兼程。他们沿着白水，再下汉水，过长江、入洞庭，在越过八百里洞庭湖的浊浪后，进入一条风平浪静的大江之中。

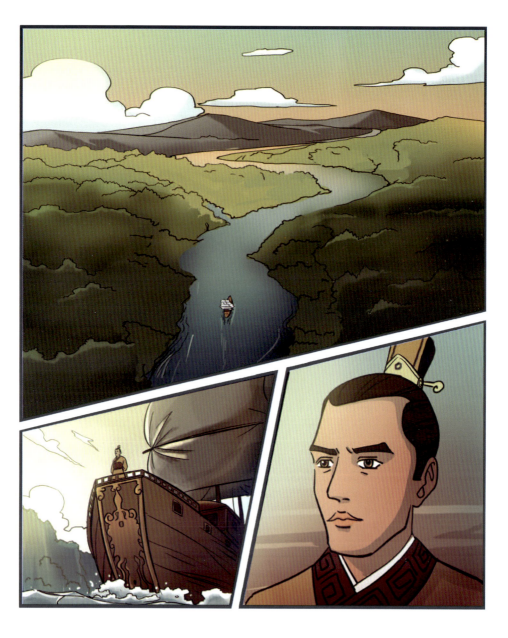

　　大江两岸，山青地远。接下来往何处去？那个铭文里的大禾方国又在哪里？立在船头的为，向苍天发问。

　　忽然，一条神秘的清流出现在为的面前，为马上请太师占卜。卜象示意他们向西，沿清流而上。

　　他们按卜象示意的方向行进一昼夜后，拐进一个令人豁然开朗的山中盆地……

　　盆地四面环山，但西面的山大，山外有山。盆地内，土地平旷，屋舍俨然，有水塘，有桑林，还有许多的水田，一派安宁祥和的景象。但预感到这里应该就是他们苦苦寻找了九九八十一天的神秘之地。

　　为与太师、少师聚在船头，忽然，在他们的面前出现一个规模很大的圆形城池。这令他们一阵紧张，但很快又令他们激动万分。

　　他们看到临水的城头，扬起一面巨大的"商"字大旗。旗下刻着"大禾"国号的城门大开，随之殷商的礼乐奏起，无数衣着商服的商民从城门内涌了出来……

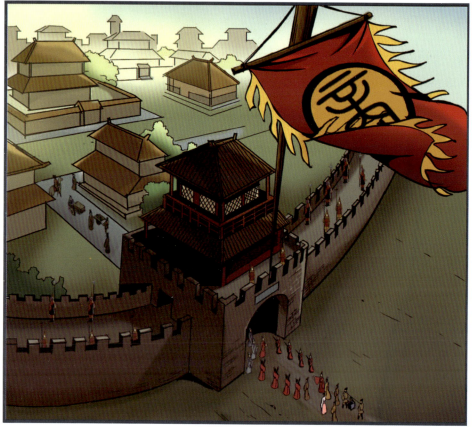

　　这个盆地，正是200年前相和月南征长沙星下时控制的核心地域；这个圆形城池，是他们依祖制所建。如果从相和月算起，已是六代八传。

更令为他们感到惊讶的是，方国国君是一个美丽的、名叫青羊的公主。她率方国的所有臣民，跪拜在为和宗亲们扛来的象纹大铙和四羊方尊面前。原来方国的宗庙里，有着象纹大铙和四羊方尊的光荣传奇。

　　青羊公主的父王刚刚去世。生前，他看到了王都朝歌上空凶象陈临的景象。在审断吉凶后，他嘱咐青羊公主：商的天下将有大祸降临，我方国要做好准备，迎接和收留南逃的宗亲与商的子民。

　　象纹大铙和四羊方尊，迎进了方国宗庙，陈列在黄帝四面方鼎之下，与戈氏、冈氏和九黎三苗部落的家族重器一起，供方国祭祀。青羊公主诚邀为与她一道治理方国，向他介绍大禾方国200年的风雨历程。

　　为是个文雅的青年，好文冷静，善于治国安邦。他对内主张保境安民，鼓励生产，奖励农桑，倡导纺织和易货交易；对方国周边，他主张沿用先姒月的安抚之策：只要对方国纳贡称臣，就与他们相交相好。

　　为纪念相和月的伟业，安抚周边部落，为建议将方国东边那条风平浪静的大江，命名为相的"相江"；对方国都城外的一座青山，命名为月的"月山"；对方国西边梅山部落境内的那条直通洞庭湖的大江，命名为蚩尤的"蚩江"。以示永远纪念他们，同时也借他们的勇武和智慧，威慑和治理四方。

　　在为的辅佐下，大禾方国有了空前的发展和影响。长沙星下的所有部落和族群，都向大禾方国纳贡称臣。大禾方国则向他们赏赐商王室和方国的青铜礼乐重器。为，不仅获得了方国的拥戴，也赢得了青羊公主的芳心。

　　大禾方国迎来了立国200年来的最大喜事。从商王朝过来的太师、少师，按祖制，为青羊公主和为举行了盛大的方国婚礼。

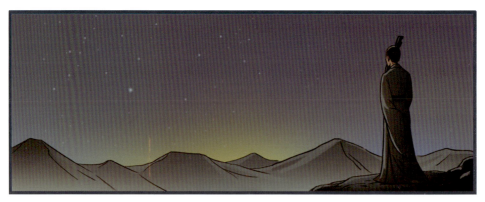

　　长沙星下吉光一片，就连远在千山万水的微子，也感受到了长沙星传来的喜悦。他深深地为儿子、儿媳和他们的方国祝福。

　　为与青羊治理下的方国，在安宁吉祥中生存发展了百年，有了三代四传。百年里，方国的易货交易，南过五岭，西达夜郎，北过长江，东抵刘阳，形成以方国为中心的商业交易圈。

　　大禾方国国力强大，一百年没有兵事，乡土安宁。四方部落，皆以方国安宁之景象，称方国为宁静之乡，久之简称为"宁乡"；方国的臣民，也因善做交易，被其他部落和族群称之为"商人"。

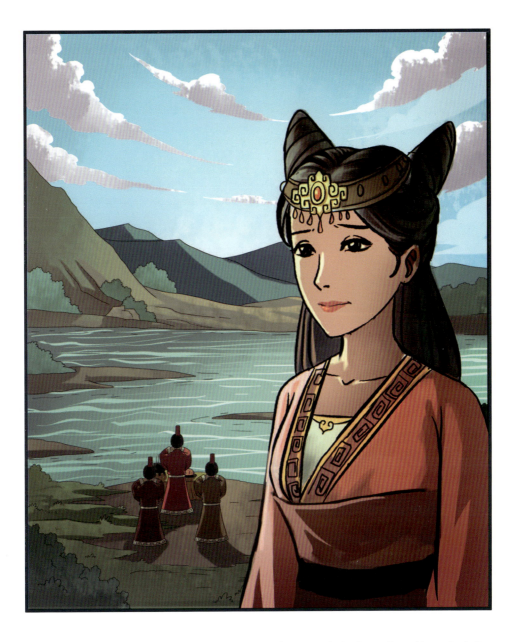

　　大禾方国为纪念为，就把西面的大山，称之为"为"的"为山"；
山下的一条水，称之为"为"的"为水"。为纪念青羊，就把为山下
的一座青山，称之为"青羊"的"青羊山"；山下的一个湖，称之为
"青羊"的"青羊湖"。

　　大禾方国的强大，大到周王朝和周昭王感到震惊。于是周昭王于昭王十六年和十九年，先后两次率军南征。第一次，周昭王被洞庭湖的浊浪所阻，没有过洞庭湖。

　　第二次，昭王十九年，周昭王再次率军南征。他总结第一次失败的教训，率军沿洞庭湖湖岸线，悄悄过了洞庭湖，陈兵于相江入洞庭湖湖水之口。

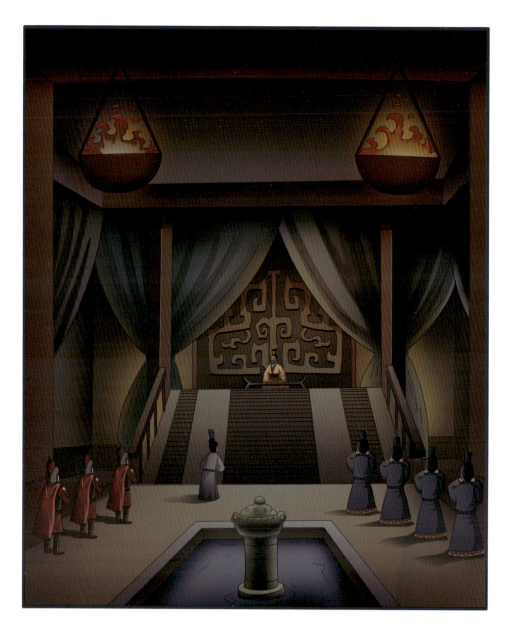

　　大禾方国国君、相的第九代孙向，召集国师及大臣，商议退敌之策。

　　国师运用五行相生相克之说，得出昭王的首次失败，是败于水。
周属火，遇水而被克，所以昭王的大军受困于洞庭湖水。因此，退敌
灭敌还得用水。

　　于是大禾方国在宗庙举行盛大祭祀，由国师主祭。国君向在众多的国之重器面前，向祖先和神灵乞求胜敌的智慧和力量。

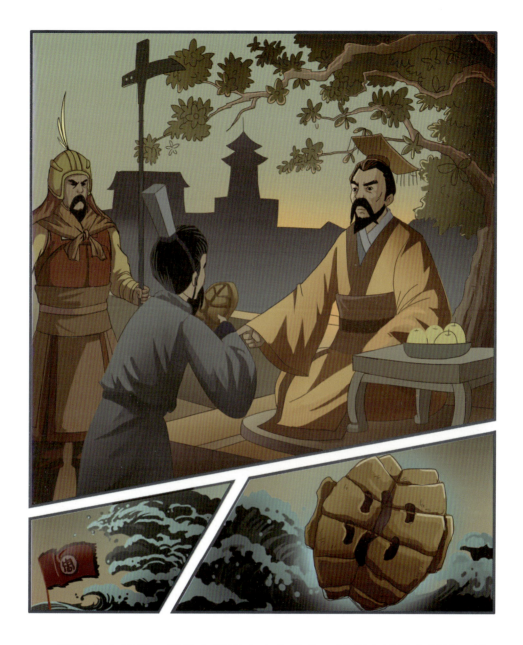

　　国师占卜问战，甲骨上显示出水之纹象。国师向国君向解读：这是秘示我们灭昭王在相江之上。

　　向立刻向祖先和神灵叩谢，然后授命将军冉，以水为阵，灭昭王于方国的江河湖泊之中。

　　将军冉的父亲为方国老将军，生前曾传他方国山川地理用兵录，
将军冉立刻按用兵录进行水战部署。

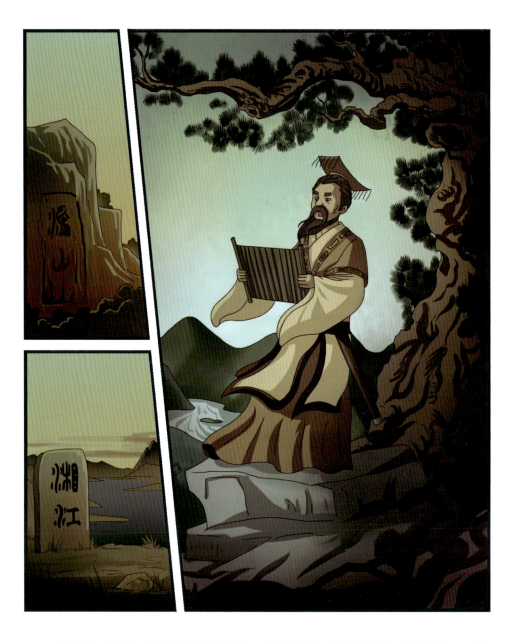

　　向祷告山河，借水于山川地名。他改相江为带水的"湘江"，改为山为带水的"沩山"，改为水为带水的"沩水"，还改青羊和刘阳为带水的"清洋"和"浏阳"。他要让大禾方国的山川地名，都带着水来淹灭周昭王。

　　为保证供奉在宗庙里家国重器的安全，向命宗庙将这些重器，一一埋藏在方国平时祭山祀水的地方。向谨守着祖训：国破重器在，终有复国时。

　　将军冉，领兵乘船在湘江迎敌。昭王防范着与方国进行水战。因此，一遇方国战船，就立刻停船靠岸，引方国军队离船上岸。

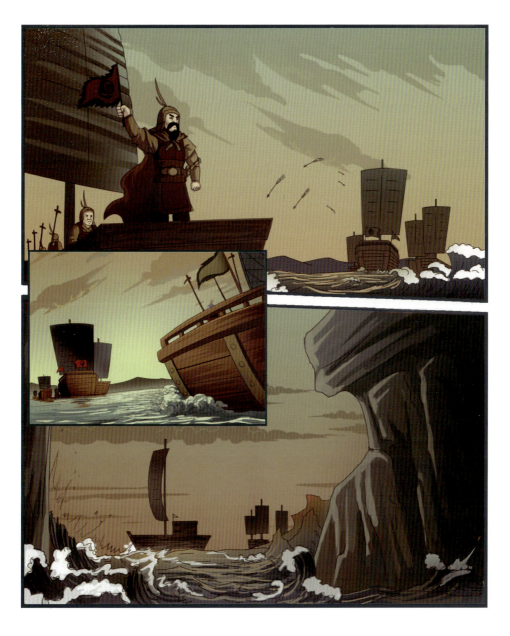

　　将军冉防着昭王的这一招，避免了与昭王岸战。他要求兵士不靠岸，不下船，向湘江上游，且战且退。

　　昭王见没办法引大禾方国进行岸战，只好沿湘江的水岸线，缓缓而进。将军冉遵先父用兵之教导，引着昭王和他的船，驶向了湘江上一个神秘的地方。

　　这个神秘的地方，是湘江流过南岳衡山进入大禾方国后，因相山的阻挡作用，湘江在这里拐入了一个水流湍急的大湾。

　　这个大湾神秘莫测，时有漩涡出现。昭王不知，仍挥军沿岸线进发。

　　周昭王的战船，开始进入湘江的大湾道。忽然昭王大惊，只见一面带水的"湘"字大旗，铺天盖地一般地从相山上升了起来。

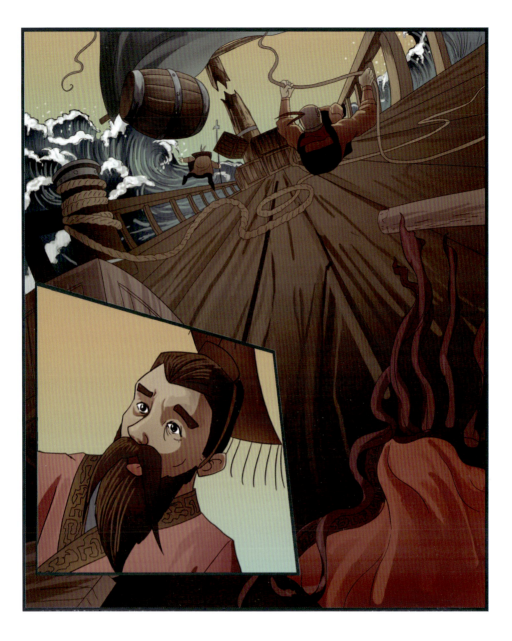

昭王还没明白是怎么回事，他的战船就开始旋转起来。

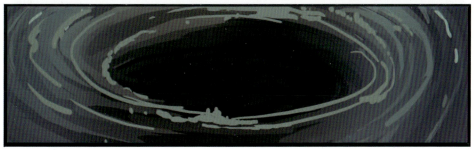

而且越转越快，顷刻间，就在漩涡中消失得无影无踪。

　　周昭王的南征，随着他的死亡彻底地失败了。大禾方国举行盛大祭祀，告慰先祖和神灵。将军冉凭战功封方国大将军，获得的奖赏中有铜料千斤（缴获的敌兵器）。

　　将军冉将他的受封和获得的奖赏，归功于先父。于是他熔敌兵器，铸涡纹铜罍。并在罍壁上铸刻铭文"冉父乙"，以纪念父亲。

　　周昭王的全军覆灭震惊了周的朝野。昭王之子满，即父亲之位，是为穆王。

周穆王在太庙发誓要举国南征，灭大禾方国，为昭王复仇。

　　周穆王总结昭王的失败，认为败在五行终始的运用上。周属火，遇水而被克，父王怎么能水战呢！

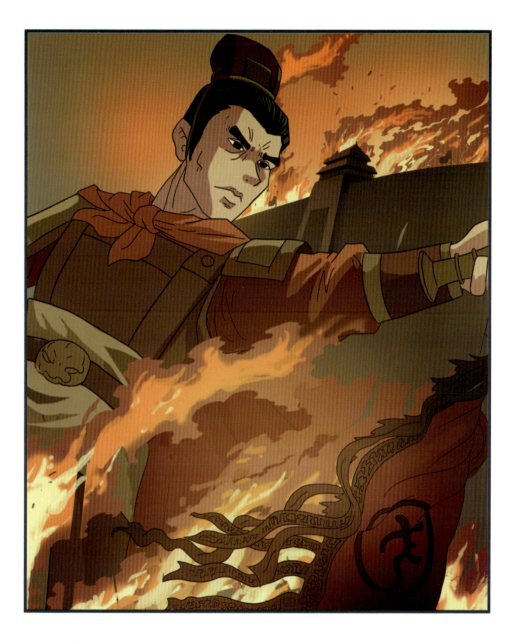

　　因此，周穆王认为只能岸战火攻，才能消灭号称金的殷商之后——大禾方国。

　　周穆王有天下最强的战车和骑兵，岸战所向无敌。他号令三军：南征，只用战船运兵。

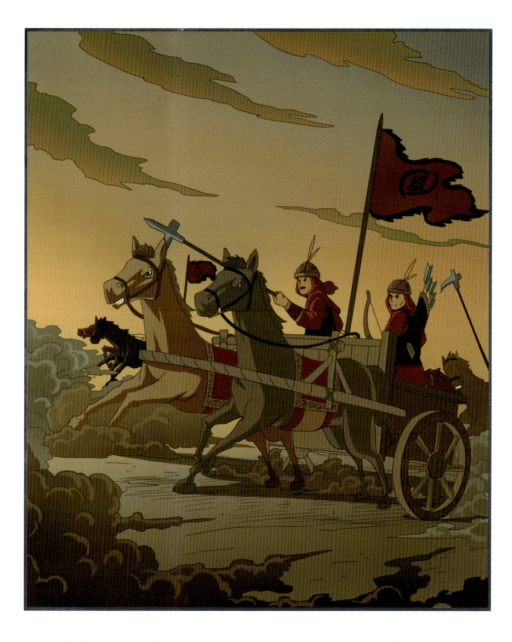

作战，全部用战车骑兵。南方多材多炭，攻城略地，选用火攻。

　　周穆王举全国之力，以望不到尽头的战车骑兵，从洞庭湖南岸登陆，一路向大禾方国杀来。

周穆王的大军所到之处，大火熊熊，炭火通明。

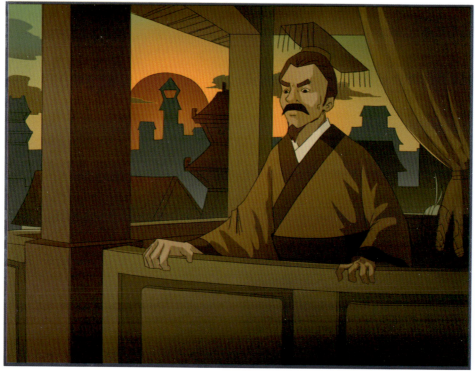

　　大禾方国号金，最忌火攻，加上缺战车战马，岸战不是周穆王的对手。国君向预感到方国已大祸来临。

　　大禾方国的宗庙前，国君向对各部落、各族群首领说："方国300年，今日的祭祀也许是最后的一次。五行终始，天命难违，我们做最后一次努力吧！"向要求各部落、各族群，分头将宗庙里的家国重器，再一次掩藏于方国祭祀山水的地方。

向领宗亲将黄帝四面方鼎埋藏于方国南边的一片沃土中；向的夫人乐，领宗亲将大铙和四羊方尊，埋藏于方国西北的月山上。

　　戈氏族群的玉太夫人，领族人将一件盛满玉器、铸着铭文"戈"的凤鸟纹提梁卣，埋藏于方国西面的小山上；将军冉的族人，将"冉父乙"涡纹铜罍，埋藏在方国南边的山丘之上……

　　埋藏完家国重器之后，向率领方国的所有宗亲随从，扶老携幼，撤往方国西边的大沩山上。

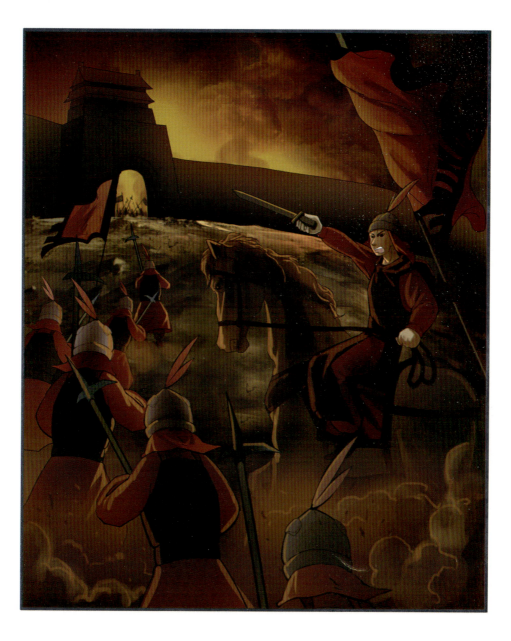

周穆王率大军乘夜包围了方国都城大禾。他下令放火焚城……

　　接着，周穆王又令史官将绕城而过的沩水，改名为"炭河"；将炭河上游一片黄木茂密之地，取名"黄材"。

　　炭、材都是火的燃料，周穆王要让焚烧大禾方国的火，燃烧下去，永不熄灭。

　　大沩山上方国的臣民，眼见家国被焚，一个个悲痛万分。家园回不去了，他们匍匐在地，向埋藏在方国厚土中的家国重器，作最后的祭拜。

　　祭拜完后，他们在向的率领下，沿着雪峰大山，像他们的祖先一样，再一次地踏上了迁移的征程。

　　周穆王率领大军来到昭王覆灭的湘江上，向江中那个神秘的大湾里，对父王进行深情的凭吊。

　　接着他命人潜入水下打捞父王的尸首。但水下是一个深不见底的深潭，哪里捞得到父王的尸首？

　　周穆王无奈，就把江中的深潭，取名为昭潭；将岸边的相山，改名为昭山，以示永远纪念他的父王。

向率领大禾方国的臣民，在九黎三苗部落的护卫下，一路向西，来到了长沙星下的最西边。这里崇山峻岭，树木蔽日，山青水秀。

　　于是，他们在这里与九黎三苗部落一起，重建方国，相互融合，成为新的族群和部落。

　　今天，生活在湖南湘西的百万土家族，有两个最大的家族姓氏：向和冉，他们就是3000多年前大禾方国国君向和大将军冉的后代。

　　跟随他们迁来的比干的后代，如今以毕姓，繁衍生息在洞庭湖边的安乡县槐树村。当年那条为纪念蚩尤而取名蚩江的大江，现谐音改名为"资江"，仍日夜向洞庭湖流淌着。

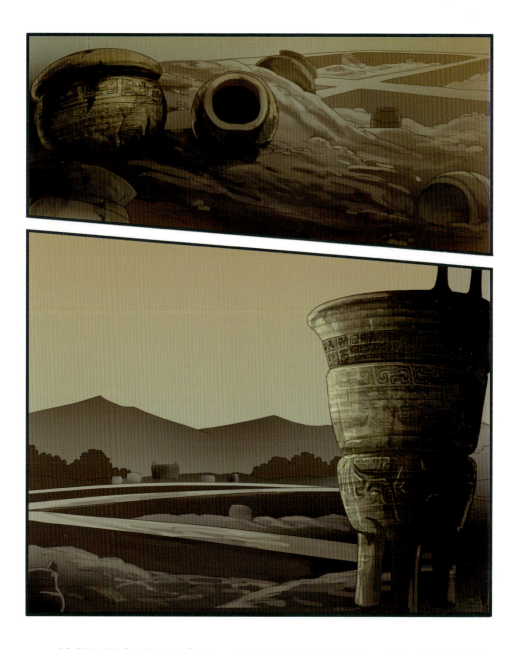

　　被焚毁的大禾方国遗址，在21世纪之初被发现，成为今天宁乡炭河里古方国遗址公园。当年埋藏于方国厚土之中的家国重器，部分在今天被发现，成为印证我们的先民曾经创造过的灿烂文明和伟大历史的见证。

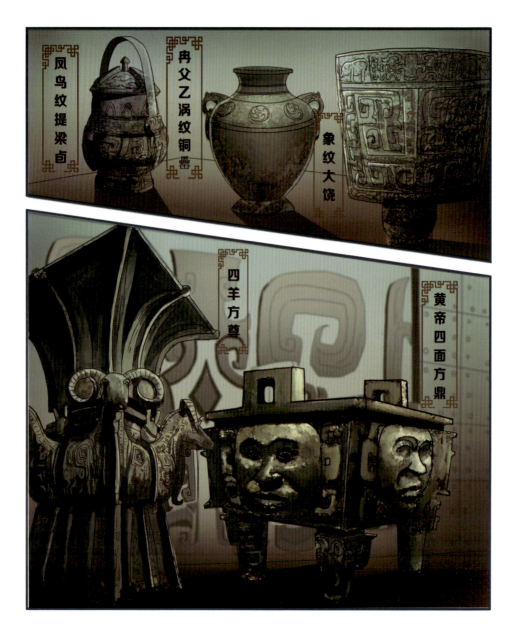

　　黄帝四面方鼎，于1959年重现天日，现以"人面方鼎"之名收藏于湖南省博物馆；四羊方尊于1938年重现天日，现陈列在中国国家博物馆；象纹大铙于1983年重现天日，现收藏于长沙市博物馆；冉父乙涡纹铜罍于1964年重现天日，凤鸟纹提梁卣和它盛着的300多件玉器，于1970年重现天日，现都收藏于湖南省博物馆。

当然，还有许多当年埋藏于方国厚土之中的家国重器，仍在等待着今天的我们去发现。